CW00742553

Speak Dutch Today!

A conversation course on cassette for visitors to The Netherlands

Hugo's Language Books Ltd, London

This edition
© 1988 Hugo's Language Books Ltd
All rights reserved
ISBN 0 85285 132 4

Written by

Rob ten Wolde

*Facts and figures given in this book were
correct when printed. If you discover any
changes, please write to us.*

Printed in Great Britain by
Buckland Press Ltd, Barwick Road,
Dover, Kent

Preface

The knowledge of a language, more so than any other knowledge, has to be kept constantly up-to-date if fluency is to be retained. Are you one of those who has been through a home study or special course to learn the basics of Dutch, but cannot master the conversational element as easily, especially now that some years have passed?

The thirteen conversations on this cassette recording are designed to bridge that gap: they assume a fair (if rusty) knowledge of Dutch grammar, but are all applicable to everyday situations in which the visitor to the Netherlands or Flemish-speaking Belgium is most likely to find him- or herself ... buying things, requesting information, ordering meals and so forth.

An effort has been made to keep the language colloquial. Contracted forms and conversational turns of phrase have been allowed. Dutch, although spoken in a geographically small area, comes in as many variations as English in Great Britain, depending on the part of Holland you are in and the level of education of the Dutchman you are speaking to. Flemish, in its standard written form, is virtually identical to standard written Dutch; spoken Flemish (which you'll hear in northern Belgium) can, however, be quite different.

Contents

Introduction

How to use the course

Each conversation has been recorded twice. First, you will hear the speakers talking at a normal rate; listen to one of these complete conversations several times before progressing to the second rendering. In this, there is a pause before the visitor's part in the dialogue - giving you time to say the words yourself before hearing them on the tape. You can do this either by working from memory or by reading the part from the text.

To make it clear which part is yours, we have indicated this in the text by the symbol • against each appropriate entry. This is especially necessary in conversations where several different people take part and an arbitrary decision has been made as to which must be the "visitor".

You may wish to record yourself on another tape and then compare your pronunciation with that of the original speaker; this will give you practice in both formulating what you want to say and understanding what is said to you in reply.

The notes and English translation

The notes are intended to make your stay in the Netherlands easier and more enjoyable by drawing your attention to certain Dutch customs, as well as to linguistic features. Each marginal number in the Dutch conversation refers to italicised words in the following sentence; these are explained at the end of the piece, under *Toelichtingen*. Some notes do not directly refer to the text. Try to understand these Dutch notes first, before referring to their English translations, because they contain a wide and useful vocabulary as well. The reference numbers are shown only in the Dutch dialogues, because the notes may refer to features which have no equivalent in English (for example, the difference between *jij* and *u*).

The English translations of the conversations appear at the end of the book; these are as literal as possible, but we have given a free translation where a literal one would sound too strange to the English ear. If you have difficulty in understanding some words, particularly in the *Toelichtingen,* a Hugo's Dutch Pocket Dictionary (in which every headword is given its imitated pronunciation) will be most helpful.

Care of your cassette tapes
Your cassette tapes are suitable for playing only — you cannot record on them.
Handle your cassettes with care — do not switch your tape player from "play" to "rewind" or "fast forward" without stopping the tape first, and ensure that there's no slack tape between the two holes of the cassette before you insert it into your player.

Aan de receptie van een hotel

RECEPTIONISTE   **1** Goedenavond meneer, wat kan ik voor *u* doen?

• MENEER JANSEN   **2** Goedenavond *mevrouw*. Mijn naam is Jansen. Heeft u nog een kamer vrij?

RECEPTIONISTE   Voor een nacht, meneer?

• MENEER JANSEN   Nee, voor twee nachten.

RECEPTIONISTE   Een eenpersoonskamer, meneer? Met of zonder douche?

• MENEER JANSEN   Nee, een kamer voor mij en m'n vrouw. Wat zijn de prijzen met en zonder douche? En met bad?

RECEPTIONISTE   Een tweepersoonskamer met douche is tachtig gulden, zonder douche zeventig. We hebben helaas geen kamers met bad meer vrij.

• MENEER JANSEN   **3** Tachtig gulden, is dat *per persoon?*

RECEPTIONISTE   Nee, meneer, dat is voor twee personen.

• MENEER JANSEN   **4** Is het *ontbijt* daarbij inbegrepen?

RECEPTIONISTE   Ja, dat klopt, inklusief ontbijt. U kunt tussen acht en tien uur ontbijten in het restaurant.

• MENEER JANSEN   Kunnen we ook in onze kamer ontbijten?

RECEPTIONISTE   **5** *Natuurlijk* meneer, belt u eenvoudig even het restaurant. We brengen dan wel vijf gulden extra in rekening.

• MENEER JANSEN	Goed, dan graag een tweepersoonskamer met douche. Is er verwarming in de kamer?
RECEPTIONISTE	Ja, er is centrale verwarming in alle kamers en op de gang. Dat wordt dan kamer twaalf op de eerste verdieping. Hier is uw sleutel. Zal ik iemand roepen om u met uw bagage te helpen?
• MENEER JANSEN	Ja, graag, we hebben een paar zware koffers. Is er een telefoon in de kamer?
RECEPTIONISTE	Ja meneer, alle kamers hebben telefoon en televisie. Wilt u vanavond nog dineren? We kunnen u eventueel ook volpension aanbieden.
• MENEER JANSEN	Nee, dank u, we zijn vanavond bij vrienden te gast. Weet u ook wat het weerbericht voor morgen is?
RECEPTIONISTE	Perioden met zon en droog weer. De middagtemperatuur zal zo'n eenentwintig graden zijn. Kunt u dit registratieformulier invullen?
• MENEER JANSEN	Ja natuurlijk, dank u wel.

Toelichtingen

1   Over het algemeen gebruikt men altijd de beleefde vorm "u"; men zegt "jij" als men de andere persoon goed kent en als een volwassene met kinderen spreekt.

2   *Meneer* wordt soms geschreven als "Mijnheer". *Mevrouw* wordt uitgesproken zoals het geschreven wordt. Het is in Nederland gebruikelijk en derhalve minder formeel dan in Engeland iemand als mijnheer en mevrouw aan te spreken in alledaagse konversatie.

3   De prijs van een hotelkamer in Nederland is, normaal gesproken, per persoon. Voor tweepersoonskamers gelden gereduceerde tarieven.

4   Een Nederlands ontbijt bestaat uit gekookte eieren, kaas, broodjes of sneetjes brood, boter, verschillende soorten koud vlees, jam en thee of koffie naar smaak. Er wordt in Nederland geen spek bij het ontbijt opgediend. Kinderen eten graag hagelslag of chocoladepasta op hun brood.

5   De *ij* vorm die men zo vaak tegenkomt in de Nederlandse taal is een samengestelde klank, d.w.z. samen gebruikt vormen deze letters een klank. De lettergroepen *ui* en *ou* zijn ook samengestelde klanken, bijvoorbeeld in het woord *oud* (old).

Notes

1   Generally speaking, one always uses the polite form for "you" (*u*); one says *jij* if the other person is well-known to the speaker and when an adult speaks to children.

2   *Meneer* (Mr) is sometimes written as "Mijnheer". *Mevrouw* (Mrs) is pronounced as it is written. It is common in Holland and therefore less formal than in Britain to address people as "Sir" and "Madam" in day-to-day conversation.

3   The price of a hotel room in the Netherlands is, normally speaking, quoted per person. Reduced rates apply to double rooms.

4   A Dutch breakfast consists of boiled eggs, cheese, rolls or slices of bread, butter, a variety of cold meats, jam and tea or coffee to taste. No bacon is served with breakfast in the Netherlands. Children enjoy eating chocolade strands (small granules of chocolate as used on cakes in Britain) or chocolate spread on their bread.

5   The *ij* form one encounters so frequently in the Dutch language is a compound sound, i.e. used together these letters form one sound. The letter groups *ui* and *ou* are also compound sounds, for example in the word *oud* (old).

Onderweg in Nederland

Het benzinestation

POMPBEDIENDE	**1** *Super* of *normaal,* mevrouw?
• KLANT	Twintig liter normale benzine graag.
POMPBEDIENDE	Zal ik uw ruiten even schoonmaken?
• KLANT	Ja graag, dank u.
POMPBEDIENDE	Heeft u misschien nog olie nodig?
• KLANT	Nee dank u, de auto komt net uit de garage en de olie is pas bijgevuld. Maar kunt u mijn bandenspanning even nazien? De linkervoorband is, geloof ik, wat zacht.
POMPBEDIENDE	Dat wordt dan achtendertig gulden alstublieft.
• KLANT	Hier is mijn Eurokaart. Kunt u mij de weg naar Rotterdam vertellen?
POMPBEDIENDE	Dank u. Uw handtekening hier graag. U rijdt het beste via de **2** *snelweg,* hier de eerste straat links en dan de tweede straat rechts. Verder ziet u het dan aangegeven.
• KLANT	Heeft u misschien een kaart van Nederland?
POMPBEDIENDE	Ja, natuurlijk, alstublieft. Zal ik dat bij de rekening optellen?
• KLANT	Graag. Dank u wel voor uw hulp.
POMPBEDIENDE	Tot ziens mevrouw, dank u.

In het VVV-kantoor

INFORMATRICE   U wilde wat informatie over de stad en de omgeving meneer, mevrouw?

• MENEER   Ja, we zijn hier een paar dagen met vakantie en wilden een paar uitstapjes maken. Kunt u ons een rondrit door de stad aanbevelen?

INFORMATRICE   Er vertrekt een speciale bus van het gemeentehuis om elf uur, meneer.

• MENEER   Hoe lang duurt de rit? En wat kunnen we verder vandaag nog gaan doen?

INFORMATRICE   De rondrit duurt ongeveer anderhalf uur. Verder is er vandaag vlooienmarkt op het marktplein.

• MENEER   Kunt u ons vertellen hoe we daar kunnen komen?

INFORMATRICE   Van het gemeentehuis waar de rondrit eindigt, loopt u langs de Herengracht en dan links af de Prinsensingel op. Hier heeft u een plattegrond het stadscentrum.

• MENEER   Dank u. Kunnen we ook een rondvaart maken?

INFORMATRICE   Ja, er is een rondvaarttoer door de grachten, op die manier krijgt u ook en goede indruk van de stad.

• MENEER   Hoe lang duurt de rondvaart? En weet u de prijs misschien?

INFORMATRICE   De rondvaart duurt ongeveer twee uur. De afvaart is om elf uur en drie uur en de prijs is zeven gulden vijftig voor volwassenen.

• MENEER	En voor kinderen?
INFORMATRICE	Vier gulden vijftig, meneer.
• MENEER	We houden ook van paardrijden. Is er een manege?
INFORMATRICE	Ja, de manege Hoefstra, aan de weg naar het strand. Daar vertrekt iedere morgen om tien uur een strandtocht. De prijs is veertig gulden per persoon.
• MENEER	Wat speelt er vanavond in het theater?
INFORMATRICE	Een komedie. Hier heeft u het programma en de aanvangstijden. Morgen is er jaarmarkt met kooplui die in tientallen kraampjes hun waar aanbieden. Er is ook een oude ambachtenmarkt.
• MENEER	Oh, wat leuk. En waar is dat?
INFORMATRICE	Ook op het marktplein. En vanavond is er een wielerronde door de stad. De start is om acht uur bij het stadhuis.
• MENEER	Ik zie dat er ook een zeeaquarium is. Kunnen we daar 's middags naartoe?
INFORMATRICE	Ja, het is open tot vijf uur en de toegang is gratis. U vindt het wel op uw plattegrond.
• MENEER	We hoeven ons zeker niet te vervelen. Dank u wel voor uw hulp.

Toelichtingen

1 Normale benzine in Nederland staat ongeveer gelijk aan 2-Star benzine in Engeland. Superbenzine heet in Engeland 4-Star. Verder vindt u in de meeste benzinestations dieselbenzine, LPG en mengsmering voor bromfietsen.

2 De wegen in Nederland en België zijn goed en het uitgebreide autosnelwegennet is gratis. De ANWB Wegenwacht vervult de rol die in Engeland door de AA en RAC wordt vervuld.

N.B. U zult de volgende dokumenten nodig hebben als u in Nederland en België autorijdt: Uw paspoort, international verzekeringsbewijs (groene kaart), registratiepapieren voor de auto en een geldig rijbewijs. Het is verplicht een GB-sticker op uw auto aan te brengen en een rode gevarendriehoek in de auto te hebben.

Notes

1 Normal petrol in the Netherlands is approximately equal to 2-Star petrol in Britain. High-octane petrol (super or premium) is called 4-Star in Britain. Apart from these you will find Diesel fuel, LPG and a mixture for mopeds at most petrol stations.

2 The roads in Holland and Belgium are good and the extensive motorway network is free of charge. The ANWB *Wegenwacht* (Road Service) fills the role played by the AA and RAC in Britain.

N.B. You will require the following documents when travelling by car through the Netherlands and Belgium: Your passport, international insurance certificate (Green Card), the registration papers for your car and a valid driving licence. It is obligatory to affix a GB-sticker on your car and to have a red warning triangle in the car.

Op het station

Aan het loket

LOKETBEAMBTE Goedenavond, mevrouw.

• KLANT Goedenavond. Een enkele reis naar Groningen, graag.

LOKETBEAMBTE Eerste of tweede klasse, mevrouw?

• KLANT Tweede klasse. Gaat er vanavond nog een trein?

LOKETBEAMBTE Ja mevrouw, de trein is vijf minuten vertraagd en vertrekt over vijfentwintig minuten.

• KLANT **1** *Van welk perron?*

LOKETBEAMBTE **2** *Van spoor drie.*

• KLANT Oh, dan heb ik nog wat tijd over. Hoe laat is het nu?

LOKETBEAMBTE Het is zeven uur mevrouw.

• KLANT Is er een stationsrestauratie?

LOKETBEAMBTE Er is een wachtkamer op spoor twee waar u koffie en verfrissingen kunt kopen. Hier is uw kaartje.

• KLANT Hoeveel ben ik u schuldig, meneer?

LOKETBEAMBTE Zevenentwintig gulden, alstublieft.

• KLANT Alstublieft, drie briefjes van tien. Is het een doorgaande trein?

LOKETBEAMBTE Alstublieft mevrouw, drie gulden. U moet in Utrecht overstappen.

Inlichtingen

LOKETISTE   Goedenmorgen, meneer. Waarmee kan ik u helpen?

• KLANT   Ik wilde graag een reservering maken voor de trein naar Milaan.

LOKETISTE   Wanneer wilde u vertrekken, meneer?

• KLANT   Ik moet aanstaande woensdagavond in Milaan zijn voor zaken. Is er een trein die dinsdagavond uit Amsterdam vertrekt?

LOKETISTE   Er zijn drie treinen per week, op maandag, woensdag en vrijdag. Dat zijn exprestreinen met slaapwagens, die bijna niet stoppen. U vertrekt om vijf uur 's-middags uit Amsterdam en bent om half drie de volgende dag in Milaan.

• KLANT   Dan is het het beste dat ik voor maandagavond reserveer. Met een slaapkabine tweede klasse.

   3 *Ik neem aan dat er een restauratiewagen is waar ik kan dineren?*

LOKETISTE   Vanzelfsprekend, meneer. Heeft u al een kaartje gekocht?

• KLANT   Nog niet. Aan welk loket kan ik terecht?

LOKETISTE   Loket vijf. Daar kunt u dan ook meteen reserveren voor maandag.

• KLANT   Dank u wel. Weet u misschien ook waar de bus naar Haarlem stopt?

LOKETISTE   De bus naar Haarlem? U kunt toch beter de trein nemen? Dat is veel sneller.

• KLANT   Ja, dat klopt, maar ik moet onderweg nog even iets ophalen bij een familielid, en dan is de bus makkelijker.

LOKETISTE   **4** *De bus stopt aan de voorkant van het station, buslijn vierendertig.* De volgende bus vertrekt over —even kijken— over twintig minuten.

• KLANT	Dank u. Zijn er hier ook bagagekluizen?
LOKETISTE	De bagagekluizen bevinden zich op de eerste verdieping. Neemt u de lift daar rechts. Op de eerste verdieping meteen weer rechts.
• KLANT	Mag ik ook een dienstregeling voor de stadsbussen in Amsterdam?
LOKETISTE	Maar natuurlijk, alstublieft.
• KLANT	Dank u wel. Tot ziens.
LOKETISTE	Goede reis, meneer.

Toelichting

1   De woorden *perron* en *spoor* hebben dezelfde betekenis; *perron* wordt in modern Nederlands minder gebruikt dan *spoor.*
2   Er vindt geen kontrole plaats van plaatsbewijzen in het station zoals in Engeland gebruikelijk is. Er zijn ook geen perronkaartjes meer, zodat u vrienden die vertrekken tot aan de trein kunt begeleiden.
3   In sommige treinen, normaal gesproken zonder buffet-wagen, komt een bediende met snacks, koffie en thee langs.
4   Als u per trein reist, koop dan meteen een nationale rittenkaart, die kan worden gebruikt in alle bussen en trams in het hele land.

Notes

1   The words *perron* and *spoor* have the same meaning; in modern Dutch *perron* is used less frequently than *spoor.*
2   Tickets are not checked in the station as is usual in Britain. Nor are there any platform tickets nowadays, so that you can freely accompany your departing friends to the train.
3   In some trains, normally those without a buffet-car, an attendant will come round selling snacks, coffee and tea.
4   If you're travelling by train, at the same time buy a national travel ticket which may be used on all local buses and trams anywhere in the country.

Winkelen[1]

De bakker

BAKKER   Wie is er aan de beurt?

• KLANT   Ik wilde graag een gesneden volkorenbrood en vijf krentebollen.

BAKKER   Alstublieft, mevrouw. Verder nog iets?

• KLANT   Ja, ook nog twee verse stokbroden van een gulden vijftig uit de aanbieding en een zak met zes tarwebollen.

BAKKER   Alstublieft. Het stokbrood komt net uit de oven en is heerlijk vers en knapperig.

De kaasboer

KAASBOER   Ja mevrouw, zegt u het maar.

• KLANT   2 Mag ik twee *ons* Goudse kaas van u, dun gesneden graag.

KASSBOER   Jong, belegen of oud mevrouw?

• KLANT   De oude kaas is wat te duur, geeft u me maar belegen.

KAASBOER   Dat is vier gulden zestig. Nog iets anders van uw dienst mevrouw?

KLANT   Ja, heeft u een jonge, halfvette komijnenkaas?

KAASBOER   Dit is een tamelijk jonge Leidse kaas die erg smakelijk is. Wilt u een stukje proeven?

• KLANT   Ja, dat is heerlijk. Geeft u me maar een stuk van ongeveer vier ons.

De kruidenier

KRUIDENIER	Goedenmorgen, mevrouw de Bruin. Wat zal het zijn vandaag?
• MEVR. DE BRUIN	Goedenmorgen, ik wilde graag twee liter melk, een liter karnemelk, een pak yoghurt en twee vanillevla alstublieft.
KRUIDENIER	Tot uw dienst, mevrouw. Verder nog iets?
• MEVR. DE BRUIN	Een ons cervelaatworst en twee ons plockworst. Hoe duur is dat?
KRUIDENIER	Dat is vier gulden vijfennegentig voor de worst
• MEVR. DE BRUIN	Goed. Dan ook nog een hele kip uit de vrieskast.
KRUIDENIR	Zes gulden vijftig mevrouw. Wilde u nog wat palingworst? We hebben een speciale aanbieding, twee ons voor een gulden achtennegentig.
• MEVR. DE BRUIN	Nee, dank u, op het moment niet. Maar geeft u me ook nog een pond *rundervinken*.
KRUIDENIER	Rundervinken, acht gulden dertig, mevrouw.
• MEVR. DE BRUIN	En een kilo andijvie en een krop sla. Dat is dan alles.

Toelichting

1 De winkels in Nederland zijn geopend van negen uur 's-morgens tot zes uur 's-avonds. Koopavond is over het algemeen donderdags of vrijdags; de winkels zijn dan tot negen uur open.
Tabakszaken zijn vaak van acht uur 's-morgens tot zeven uur 's-avonds open.

2 Goederen worden gewogen in kilo's en grammen, maar bij het inkopen van etenswaren spreekt de gemiddelde Nederlander in ponden en onzen. Het Nederlandse pond is echter, in tegenstelling tot het Britse gewicht, vijf honderd gram en de ons is honderd gram.

3. Een rundervink bestaat uit gehakt rundvlees omwikkeld met gerookt spek.

Notes

1 The shops in Holland are open from 9 am until 6 pm. Late-night closing is usually on Thursdays or Fridays; the shops then stay open until 9 p.m.

Tobacconists often open from 8 am until 7 pm.

2 Goods are weighed in kilos and grams, but when shopping for food, the average Dutchman talks in pounds and ounces. However, unlike the British units, the Dutch pound is 500 grams and the ounce is 100 grams.

3 A *"rundervink"* consists of minced beef rolled in slices of bacon.

In een restaurant

OBER		Goedenavond, dames, heren.
• KEES		Goedenavond. Heeft u een tafel voor vier personen?
OBER		Op het ogenblik niet, maar als u een paar minuten kunt wachten, dan zeker.
• KEES	1	Dan halen we even een *aperatiefje* aan de bar. Wat willen jullie drinken? Ellen?
ELLEN		Een glas droge sherry, graag Kees.
• BARBARA		Een glas witte wijn, graag.
JAN		Een pilsje voor mij.
• KEES		En twee pils.

......

OBER		Uw tafel is nu vrij. Wilt u mij volgen alstublieft?
• KEES	2	Dank u. Heeft u een *menukaart?*
OBER		Alstublieft, hier is het menu.
JAN		Welke visgerechten heeft u?
OBER		We hebben vandaag oesters, forel, kreeft, makreel en zeebaars.
JAN		Voor mij dan graag gerookte makreel. En als voorgerecht mosselen.
• BARBARA	3	Welke vleesgerechten heeft u vandaag? Het menu is *zo uitgebreid* ....
OBER		We hebben filetsteak, kasselerib, roulade en schnitzel, Hollandse biefstuk, schouderkarbonade en een heerlijke goulash, om maar wat te noemen.
• BARBARA		Brengt u mij dan de roulade en om te beginnen wat zalm.

ELLEN	Ik wilde graag de Hollandse biefstuk en mosselen om te beginnen. Het zijn verse mosselen?
OBER	Vers van de vismarkt in Scheveningen vanmorgen, mevrouw.
• KEES	Voor mij een verse salade en als hoofdgerecht de goulash. Kunt u ons ook wat gemengde groenten en wat gebakken aardappelen of pommes frites brengen?
OBER	Ik kan u bloemkool, andijvie, worteltjes, prei en spinazie aanbieden. En gekookte aardappelen, patat frites of gebakken aardappelen. Zal ik de chef vragen om een gemengde groenteschotel die u kunt delen?
• KEES	Dat is goed. Maar ik zie hier dat uw specialiteit vandaag fazant is. Dat lijkt me heerlijk, kan ik mijn bestelling veranderen in fazant?
OBER	Maar natuurlijk meneer. En wat wilde u drinken dames, heren?
• JAN	Heeft u een wijnkaart?
OBER	Alstublieft meneer. En hoe wilde u uw vlees gebakken hebben? Mevrouw?
ELLEN	Middelmatig doorbakken voor mij ober.
OBER	En u mevrouw?
• BARBARA	Goed doorbakken graag. Dank u.
JAN	Om te beginnen nemen we een fles van deze Duitse witte wijn. Die is tamelijk droog?
OBER	Ja meneer, uitstekend voor bij de visgerechten.

JAN	En opent u dan alvast een fles van deze negentien achtenzeventig rode Franse wijn voor bij het hoofdgerecht. Of had iemand graag iets anders? ....
OBER	Kan ik afruimen dames, heren? Heeft het goed gesmaakt?
ELLEN	Ja, heerlijk hoor.
• KEES	We wilden meteen ook een dessert bestellen. Wat kunt u aanbevelen?
OBER	We hebben heerlijk mokkaijs met slagroom en verse vruchten, of een vers toebereide vruchtensalade misschien?
• BARBARA	Dat klinkt heerlijk, die vruchtensalade. Brengt u mij die maar.
JAN	Ik wilde graag de ijsschotel
ELLEN	Hetzelfde voor mij.
• KEES	En mij. En daarna koffie voor iedereen. Koffie met cognac. ....
OBER	Alstublieft. Alles naar wens?
• KEES	Uitstekend ober, dat heeft heerlijk gesmaakt. Ik wilde graag afrekenen. Brengt u mij alstublieft de rekening.
OBER	Wilde u nog een kopje koffie?
JAN	Ja, dank u wel.

Toelichting

1 De nationale drank is jenever, gin die kleveriger en zoeter is dan de Engelse variant. Dit wordt normaal gesproken ongemengd gedronken, en altijd goed gekoeld. Jonge jenever bevat minder suiker dan oude jenever.

2 De meeste restaurants tonen een spijskaart aan de buitenzijde. Buiten een à la carte menu zullen de meeste restaurants gewoonlijk een dagschotel aanbieden. BTW en bedieningsgeld zijn gewoonlijk bij de prijs inbegrepen.

De dagschotel (of het "toeristenmenu") biedt u normaal gesproken een goede maaltijd tegen een redelijke prijs.

3 Nog een paar typisch Nederlandse lekkernijen: Nieuwe haring, die vers gezouten en dik belegd met uien van stalletjes wordt verkocht, het beste in de eerste weken van Mei; flensjes (pannekoeken), poffertjes, kleine pannekoekjes met suikerglazuur bedekt. Voor een lichte lunch: een uitsmijter, twee sneetjes brood met ham, rosbief of kaas, bedekt met een paar gebakken eieren.

De gemiddelde lunch in Nederland is licht, en staat bekend als een koffietafel, bijna een herhaling van het ontbijt maar met een slaatje of een soepje. De Nederlanders zijn dol op soep, vooral zware soepen in de winter, zoals erwtensoep, bruine bonensoep en groentesoep. Het diner is de hoofdmaaltijd, die tamelijk vroeg gegeten wordt, vooral thuis.

Notes

1 The national drink is jenever, a type of gin, but more viscous and sweeter than the English variation. This is normally consumed neat and always well chilled. Young jenever (*jonge jenever*) contains less sugar than old jenever.

2 Most restaurants will display a menu outside. Apart from an a-la-carte menu, most restaurants will usually offer a set menu. VAT and a service charge are usually included in the price. The dish of the day (or the "tourist menu") usually offers you a good meal at a fair price.

3 Another couple of typically Dutch treats: New (or green) herring, sold freshly salted and thickly covered with onions from small stalls, best in the first few weeks of May; *flensjes* (pancakes), *poffertjes*, small thick pancakes dusted with icing sugar. For a light lunch: A "chucker-out", two slices of bread with ham, roast beef or cheese, covered by a few fried eggs.

The average lunch in Holland is light and is known as a "coffee table", nearly a repeat of breakfast but with a salad or a soup. The Dutch are fond of soups, especially heavy soups in winter, such as pea soup, kidney-bean soup and thick vegetable soup. Dinner is the main meal which is eaten early particularly when at home.

In het postkantoor[1]

LOKETISTE	Een postzegel voor die brief, meneer?
• KLANT	Ja, ik wilde deze brief naar België versturen.
LOKETISTE	Legt u hem even op de weegschaal, meneer. *(Zij raadpleegt de schaal)* Een gulden twintig, meneer.
• KLANT	Is dat via luchtpost?
LOKETISTE	Ja, meneer. Voor alle bestemmingen in Europa geldt tegenwoordig hetzelfde tarief, er is geen luchtposttoeslag en de brieven worden op de snelste manier bezorgd. Voor pakketpost zijn de tarieven voor zeepost en luchtpost verschillend.
• KLANT	Kunt u mij ook zeggen wat het brieftarief is naar West Duitsland?
LOKETISTE	Tachtig cent, meneer, voor brieven tot twintig gram. Hetzelfde tarief geldt voor alle landen van de Europese Gemeenschap, behalve Engeland en Ierland.
• KLANT	Dat is hetzelfde tarief als binnen Nederland?
LOKETISTE	Dat klopt, meneer.
• KLANT	Goed, geeft u me dan ook nog tien postzegels van tachtig cent. En ik wilde dit pakketje naar Amerika versturen.
LOKETISTE	Per luchtpost, meneer?
• KLANT	Ja, per luchtpost en aangetekend. Hoe duur is dat?
LOKETISTE	Dat is tweeëntwintig gulden negentig voor dit pakketje.

• KLANT	Kunt u me ook zeggen hoe lang een luchtpostbrief naar Amerika er over doet?
LOKETISTE	Ongeveer vier dagen meneer, soms tot zes dagen als de bestemming binnen Amerika afgelegen is.
• KLANT	Dank u. Kan ik hier ook een telegram versturen?
LOKETISTE	Gaat u dan naar loket zeventien om de hoek, meneer.
	. . . .
LOKETISTE	Waarmee kan ik u van dienst zijn, meneer?
• KLANT	Ik wilde een telegram naar Zuid-Afrika versturen.
LOKETISTE	Wilt u dan dit formulier duidelijk invullen met het volledige adres en de komplete tekst?
• KLANT	Kan ik hiervandaan ook international bellen?
LOKETISTE 2	Gaat u naar *telefooncel* vier, ik geef u een buitenlijn.
• KLANT	Kunt u me eerst het internationale landennummer voor Engeland geven?
LOKETISTE	Het toegangsnummer voor Engeland is 09 44. Daarna het kengetal van de stad die u belt zonder de nul en dan het abonneenummer.
• KLANT	Dank u wel.

Toelichting

1 Postkantoren zijn meestal van negen uur 's morgens tot vijf uur 's middags geopend. Er zijn geen postkantoren in winkels zoals in Engeland, behalve in enige warenhuizen.

2 In elk postkantoor kunt u opbellen zonder behulp van munten. De beambte aan het loket geeft u een buitenlijn en een teller geeft aan hoeveel de gesprekskosten zijn. U betaalt dan aan het loket.

Het Nederlandse telefoonsysteem is een van de modernste in de wereld. Vrijwel alle gesprekken, zowel in binnen- en buitenland zijn automatisch. Als u moeilijkheden heeft een bepaald nummer te bereiken kun u echter de telefoniste om hulp vragen. Als u het nummer van de inlichtingendienst belt, krijgt u geen roeptoon zoals in Engeland, maar een telefoonbeantwoorder, die u vertelt hoeveel wachtenden er voor u zijn. Het aantal wachtenden wordt dan al snel minder en uw vraag wordt beantwoord.

Notes

1 Post offices are usually open from 9 am until 5 pm. There are no post offices in shops as in Britain, except in some department stores.

2 You can make a telephone call in every post office without the use of coins. The employee at the counter will give you an external line and a counter indicates the costs of the call. You then pay at the counter.

The Dutch telephone system is one of the most advanced in the world. Virtually all calls, both inland and overseas, are self-dialled. If you experience problems reaching a specific number, however, you can ask the operator for assistance. When you telephone Directory Enquiries, you do not get the ringing tone as in Britain, but a telephone answering machine that tells you how many callers are waiting before you will be served. The number of calls waiting quickly diminishes and your question will be answered.

Het wisselkantoor

BANKBEDIENDE — Goedenmorgen mevrouw.

• KLANT — Goedenmorgen, kan ik hier honderd Engelse ponden in Nederlandse guldens omwisselen?

BANKBEDIENDE — Jazeker mevrouw, hoe wilt u het hebben?

• KLANT — 1 In *briefjes* van vijfentwintig gulden graag. Wat is de koers vandaag?

BANKBEDIENDE — De koers vandaag is vier gulden negenentwintig. Alstublieft, zeventien biljetten van vijfentwintig 2 gulden. Onze *kommissie* is vier gulden.

• KLANT — 3 Dank u wel. *Bent u op zaterdag ook geopend?*

BANKBEDIENDE — Ja mevrouw, tot vijf uur.

• KLANT — Goed. Kunt u ook reischeques inwisselen?

BANKBEDIENDE — Welke reischeques mevrouw? Oh, ik zie het al, Eurocheques. Ja, dat is geen probleem. Daarmee krijgt u zelfs een iets betere koers, vier gulden veertig vandaag.

• KLANT — Dank u, maar ik heb ze nu nog niet nodig. Mogelijkerwijze op zaterdag, daarom vroeg ik u of u dan open bent. Ik zie dat het erg rustig is op het moment. Wilt u me misschien het Nederlandse geldsysteem uitleggen, ik ben vooral met de munten nog niet bekend.

BANKBEDIENDE — Het geld is erg gemakkelijk. Onthoud, dat een gulden honderd cent heeft, en je kunt je niet vergissen. Een kwartje is vijfentwintig cent, een dubbeltje tien cent en een stuiver vijf cent.

Toelichting

1 Bankbriefjes zijn er in verschillende waarden; vijf gulden, tien gulden (een tientje), vijfentwintig gulden, vijftig gulden, honderd gulden, duizend gulden. Buiten de in de tekst genoemde munten is er nog de rijksdaalder, een munt met een waarde van twee gulden vijftig cent. Centen zelf bestaan als munt niet meer.

2 De Nederlandse taal, zoals iedere taal, ondergaat langzame veranderingen. Een modernisering die op het ogenblik wordt ingebracht is het vervangen van de letter "c" door de letter "k", wanneer de "c" als "k" wordt uitgesproken, zoals in het woord *kommissie* (voorheen *commissie*).

Notes

1 There are bank notes in different denominations; 5 guilders, 10 guilders (*een tientje*), 25 guilders, 50 guilders, 100 guilders, 1000 guilders. As well as the coins mentioned in the text there is also the *rijksdaalder*, a coin with a value of 2.50 guilders. Cents themselves no longer exist as coins.

2 The Dutch language, like every other language, is subject to slow changes. A modernisation being implemented at the moment is the replacement of the letter "c" by the letter "k", when the "c" is pronounced as a "k", as in the word *kommissie* (previously *commissie*).

3 Dutch banks are generally open from 9 am until 4 pm, from Monday to Friday; banks in Belgium are open from 9 am until noon and from 2 pm until 4 pm, but opening times vary with their location.

Exchange offices are sometimes open outside normal banking hours; in Holland money exchange offices (*GWK = Grenswisselkantoren*) can be found at over 50 major frontier crossings and railway stations. Many of them are open all week and often in the evening, too.

In de schoenwinkel

VERKOOPSTER	Kan ik u helpen, meneer?
• KLANT	Ja, ik zoek een paar makkelijke schoenen, niet al te duur, om in te wandelen.
VERKOOPSTER	Wat voor soort schoenen, meneer? Met veters of zonder?
• KLANT	Met veters lijkt me het beste, die zitten beter.
VERKOOPSTER	Welke maat heeft u?
• KLANT	Dat ligt er aan, welk fabrikaat schoenen. *Meestal drieënveertig.*
VERKOOPSTER	Hier heb ik een goede wandelschoen, volledig in leer uitgevoerd en in een modieuze lichte kleur. Het *laatste van het laatste.*
• KLANT	Nou, die lijken me voor het wandelen niet zo geschikt. Heeft u een donkerdere uitvoering?
VERKOOPSTER	Hier heeft u een uitvoering in het donkerbruin.
• KLANT	Dat is beter, maar ze zitten wel wat nauw.
VERKOOPSTER	Dat komt omdat het leer is, door gebruik past dat zich wel bij uw voet aan.
• KLANT	Hmmm ... misschien is het toch beter iets met rubberen zolen te kiezen. Als het *'s winters* glad is glijden leren zolen zo snel.
VERKOOPSTER	Dan heb ik hier een paar donkerbruine schoenen voor u die u wel zullen bevallen. En die zijn ook niet duur, want ze zijn in de uitverkoop, afgeprijsd tot vijfenveertig gulden.

The numbers **1**, **2**, **3** appear in the left margin beside the lines "schoenen. *Meestal drieënveertig.*", "modieuze lichte kleur. Het *laatste van*", and "het *'s winters* glad is glijden leren zolen" respectively.

| • KLANT | Dat is precies wat ik zocht -...... oh, ja dat loopt heerlijk. Ja, die neem ik. Ik houd ze meteen aan. En waar kan ik mijn oude schoenen laten repareren? |
| VERKOOPSTER | Er is een hakkenbar op de tweede verdieping meneer. Daar kunt u er op wachten, als het niet te druk is. |

Toelichting

1 Schoenmaten worden uitgedrukt in Europese maten die in alle Europese landen met uitzondering van Groot-Britannië en Ierland worden gebruikt. Maat drieënveertig komt overeen met maat negen in Engeland.

2 Het laatste van het laatste wil zeggen: de laatste mode, of de meest recente uitvinding.

3 Woorden zoals *'s middags* en *'s avonds* zijn afkortingen van het oud Nederlandse *des middags* en *des avonds* die nu niet meer in gebruik zijn (en daarom altijd afgekort worden).

Notes

1 Shoe sizes are expressed in Continental sizes as used in all European countries except Great Britain and Ireland. Size 43 approximately equals size 9 in the U.K.

2 *Het laatste van het laatste* ("literally the latest of the latest") is an expression that means: the latest fashion, or the most recent innovation.

3 Words like *'s middags* and *'s avonds* are abbreviations of the old-Dutch *des middags* and *des avonds* —" in the afternoon/evening"— that are no longer in use (and therefore always abbreviated).

Het autoverhuurbedrijf

RECEPTIONIST	Goedenmorgen, mevrouw.
• KLANT	Goedenmorgen, meneer. Ik wilde een auto huren.
RECEPTIONIST	Dat kan, mevrouw. Voor hoe lang?
• KLANT	Waarschijnlijk voor een week. Een kleine wagen die zuinig met benzine is.
RECEPTIONIST	We hebben een Ford Fiesta voor u of een Ford Orion.
• KLANT	Hoeveel kost een Orion voor een week?
RECEPTIONIST	Driehonderdtien gulden mevrouw. En de verzekering is extra.
• KLANT	En hoeveel betaal ik per gereden kilometer?
RECEPTIONIST	Dat is in de huur inbegrepen tot duizend kilometer. Denkt u meer dan duizend kilometer te rijden?
• KLANT	Nee, dat denk ik niet. Kan ik met de auto ook naar Duitsland rijden?
RECEPTIONIST	Ja, maar u heeft dan wel een aanvullende verzekering nodig voor de periode dat u in Duitsland bent.
• KLANT	In dat geval neem ik de Orion met een aanvullende verzekering voor morgen en overmorgen. Heeft u onmiddellijk een wagen beschikbaar?
RECEPTIONIST	Ja, natuurlijk mevrouw. Hier zijn de sleutels. De auto staat op parkeerplaats 15. Kunt u dit formulier even invullen? En mag ik uw *rijbewijs* even zien?

1

• KLANT	Alstublieft. Kan ik met een kredietkaart betalen?
RECEPTIONIST	Jazeker, mevrouw. Dank u. Een ogenblik, ik moet even opbellen

. . . . .

Goede reis en tot ziens, mevrouw.

Toelichting

1 Als u in Nederland of België rijdt, kunt u dit op uw eigen rijbewijs doen. In Europa is uitsluitend in Spanje nog een internationaal rijbewijs vereist.

Notes

1 When driving in Holland or Belgium, you require only your normal licence. In Europe, an international driving licence is now required only in Spain.

Bij de fietsenmaker

FIETSENMAKER	Goedenmorgen dames. Wat kan ik voor u doen?
• MEVR. BAKKER	1 Goedenmorgen. Ik wilde *een damesfiets* huren voor mijn dochter.
FIETSENMAKER	Dat kan. Iedereen fietst in Nederland. Voor hoe lang had u gedacht?
• MEVR. BAKKER	Voor ongeveer een week. Ze is hier bij vrienden op bezoek.
FIETSENMAKER	Hier is een goede fiets met drie versnellingen. Of moest het een sportmodel zijn?
• MEVR. BAKKER	Nee, een normale fiets. Die ziet er goed uit. Heeft u ook een fietstas, zodat ze wat bagage kan opbergen, of regenkleding?
FIETSENMAKER	Ja, die zet ik er zo wel even op.
• MEVR BAKKER	Zijn er ook bandenplakspullen bij voor als ze een lekke band heeft?
FEITSENMAKER	Die zitten in dit kleine tasje onder het zadel. En op de stang hier zit de pomp. Het is wel beter de pomp mee naar binnen te nemen als u de fiets ergens onbewaakt laat staan.
• MEVR. BAKKER	Is de fiets tegen diefstal verzekerd?
FIETSENMAKER	Ja, er is een komplete verzekering bij de prijs inbegrepen, ook tegen ongevallen van derden.
• MEVR BAKKER	Zijn er goede fietspaden in Den Haag?

33

FIETSENMAKER   De meeste kinderen gaan op de fiets
naar school en er zijn daarom bijna
overal gescheiden fietspaden zodat
het fietsen erg veilig is. Hier is een
kaart van de stad en omgeving, waar
alle fietspaden op aangegeven zijn.

Toelichting

1 Fietsen kunt u bij vrijwel iedere rijwielzaak huren en op de meeste
stations. De prijzen zijn erg redelijk.

Notes

1 You can rent a bicycle from nearly every bicycle shop and at most
railway stations. The prices are very reasonable.

In een reisbureau

EMPLOYÉ	Goedenmiddag meneer, mevrouw.
• MENEER DE VRIES	1 Goedenmiddag. *We* wilden twee plaatsen reserveren voor het vliegtuig naar Manchester, een enkele reis en een retour.
EMPLOYÉ	Wanneer wilde u vertrekken meneer?
• MENEER DE VRIES	Morgenochtend, indien mogelijk. Is er dan een vlucht?
EMPLOYÉ	Er zijn er zelfs twee, een vlucht 2 vertrekt van *Schiphol*, de andere van Rotterdam.
• MEVR DE VRIES	Rotterdam is gemakkelijker bereikbaar voor ons. Is er een prijsverschil?
EMPLOYÉ	Nee mevrouw, de prijzen zijn gelijk.
• MEVR DE VRIES	En wat zijn de vertrektijden?
EMPLOYÉ	Het toestel uit Rotterdam vertrekt om tien uur en komt om kwart over elf aan. Het toestel uit Amsterdam vertrekt om elf uur en komt om elf uur aan, vanwege 3 het *tijdsverschil* tussen Nederland 4 en *Engeland*.
• MEVR DE VRIES	Dus het toestel uit Rotterdam doet er vijfenveertig minuten langer over?
EMPLOYÉ	Ja mevrouw, het is een kleiner vliegtuig met een lagere snelheid.
• MEVR DE VRIES	Dan nemen we liever het toestel dat uit Amsterdam vertrekt. Kunnen we aan boord ook belastingvrij inkopen?

EMPLOYÉ	Dat kan, maar de keuze is wel beperkt op deze korte vluchten. U kunt beter op Schiphol inkopen, het heeft de beste belastingvrije winkels van Europa. Mag ik uw namen voor de tickets?
• MENEER DE VRIES	De Vries.
EMPLOYÉ	En uw initialen?
• MENEER DE VRIES	A.W. voor mijn vrouw en G.R. voor mij.
EMPLOYÉ	Is het retourticket voor u of voor mevrouw?
• MENEER DE VRIES	Dat is voor mevrouw. Ik blijf namelijk in Engeland.
EMPLOYÉ	En wanneer wilde u terugvliegen mevrouw?
• MEVR DE VRIES	Dat weet ik nog niet, over een week of twee denk ik.
EMPLOYÉ	Dan laat ik dat open. Belt u even het kantoor van de KLM in Manchester wanneer u besloten heeft wanneer u terug wilt vliegen om te reserveren. Maar doet u dat wel zo lang van te voren als mogelijk.
• MEVR DE VRIES	Uitstekend. Hoeveel koffers kunnen we meenemen?
EMPLOYÉ	U heeft het recht op twintig kilo per persoon en handbagage. U kunt natuurlijk tegen bijbetaling meer bagage meenemen.
• MEVR DE VRIES	De vlucht is dus om elf uur. Hoe laat moeten we ons melden?
EMPLOYÉ	Om kwart over tien.

• MENEER DE VRIES	Gaat er een bus uit Den Haag naar Schiphol?
EMPLOYÉ	Er is een busverbinding, maar u kunt veel beter de trein nemen. Vanaf het station Hollands Spoor vertrekt ieder uur een trein die in de luchthaven stopt.
• MENEER DE VRIES	Dat is erg makkelijk. En hoeveel ben ik u schuldig?
EMPLOYÉ	Voor beide tickets tezamen is dat zeshonderd twintig gulden alstublieft.
• MENEER DE VRIES	5 Kan ik met *girobetaalkaarten* betalen?
EMPLOYÉ	Natuurlijk meneer, als u een geldige giropas heeft.
• MEVR DE VRIES	Ja, die heb ik. Zou ik uw balpen even mogen lenen?
EMPLOYÉ	Alstublieft. Dank u wel. Hier zijn uw tickets. Tot ziens en een goede vlucht.

Toelichting

1 Het geschreven woord *wij* wordt in alledaags gebruik vervangen door het gesproken *we.* Hetzelfde geldt voor *zij (ze)*, maar niet voor *hij.*

2 Nederland heeft uitstekende luchtverbindingen met vrijwel alle landen ter wereld via Schiphol, de luchthaven van Amsterdam. Er zijn binnenlandse vluchten tussen Amsterdam, Eindhoven, Leeuwarden, Groningen, Maastricht en Rotterdam.

3 Er is over het algemeen een tijdsverschil van een uur tussen Nederland en Groot Britannië; Nederland is een uur vooruit. Gedurende korte periodes in de lente en de herfst is de tijd gelijk.

4 De gemiddelde Nederlander noemt het Verenigd Koninkrijk of Groot Britannië Engeland.

5 De girobetaalkaart is een populair betaalmiddel in Nederland, ongeveer te vergelijken met het chequeboek en de chequekaart in Engeland. Na iedere transactie ontvangt de klant een rekeningsoverzicht, geheel gratis.

Notes

1 The written word *wij* is replaced by the spoken *we* in daily use. The same goes for *zij* (*ze*), but does not apply to *hij*.

2 The Netherlands has excellent connections by air with nearly all countries in the world via Schiphol, Amsterdam's airport. There are domestic flights between Amsterdam, Eindhoven, Leeuwarden, Groningen, Maastricht and Rotterdam.

3 Generally speaking there is a time difference of one hour between the Netherlands and Great Britain; the Netherlands is one hour ahead. During short periods in spring and autumn, the time is the same.

4 The average Dutchman calls the United Kingdom or Great Britain England.

5 The giro-paycard is a popular means of payment in the Netherlands, approximately comparable with the cheque book and cheque card in Great Britain. The customer receives a statement of account after each transaction, totally free of charge.

Een ontmoeting in de kroeg

FRANS Neem u me niet kwalijk, heeft u misschien een vuurtje voor me?

• JANET Jazeker, hier is een aansteker.

FRANS Bedankt. Op vakantie in Nederland?

• JANET Ja, ik kom uit Edinburgh en reis twee weken door Nederland.

FRANS Nou, je treft het met het weer, we hebben de laatste tijd erg weinig regen gehad.

• JANET Ik ben eergisteren pas aangekomen, maar ik hoop dat het zo blijft. Vertel me eens, wat is eigenlijk het verschil tussen Nederland en Holland?

FRANS Oh, die twee namen worden tegenwoordig nauwelijks gescheiden, maar het verschil is eigenlijk hetzelfde als dat tussen Engeland en Groot Britannië; Holland is eigenlijk de naam van de twee westelijke provincies terwijl Nederland de naam voor het hele land is.

• JANET Hoeveel provincies zijn er?

FRANS Elf. En dan is er nog de Ijsselmeerpolder, die hoort bij geen enkele provincie.

• JANET Dat is ongebruikelijk. Hoe komt dat?

FRANS Dat komt doordat het om recentelijk van de zee gewonnen gebied gaat. Het werd vlak voor en na de tweede wereldoorlog ingepolderd. Kan ik je nog een drankje aanbieden?

• JANET **1** Dat is erg aardig. Nog een glas bier *graag.*

FRANS *(tot de barman)* Mag ik nog twee pilsjes?

• JANET Men zegt altijd dat Nederland voor het grootste deel onder zeeniveau ligt. Hoe komt het dat de zee het land niet overstroomt?

FRANS   Ongeveer 40% van Nederland ligt beneden zeeniveau. Dat waren in het verleden grote meren en kuststroken die door de zee werden overstroomd bij vloed. In de vorige en deze eeuw werden zeedijken aangelegd om de kuststroken bij vloed te beschermen. En om de meren en moerassen werden ringdijken aangelegd, waarna het water er met behulp van windmolens werd uitgepompt, eerst in een kanaal in de ringdijk, de ringvaart en dan via andere kanalen naar de rivieren en zo naar de zee.

• JANET   **2** En de *windmolens* zijn nog steeds in gebruik?

FRANS   Er zijn nog een aantal molens over, maar hun werk is nu overgenomen door elektrische gemalen.

• JANET   Ik wilde naar de bloemenvelden. Weet je ook waar ik het beste naar toe kan gaan?

FRANS   Zuidelijk van Haarlem, rond Lisse en Hillegom. De grond is daar erg zanderig en goed geschikt voor bloembollenteelt. Maar dit is de verkeerde tijd van het jaar, bijna alles is nu uitgebloeid. April en mei zijn de beste maanden. Waar ben je verder al geweest?

• JANET   De kaasmarkt van Alkmaar, en Amsterdam, waar ik een lange rondvaart door de grachten heb gemaakt. En in Rotterdam ben ik door de buitenhaven gevaren, erg indrukwekkend.

FRANS   Rotterdam is de grootste haven ter wereld — dat denken wij also Nederlanders in ieder geval. En hier in Den Haag?

• JANET   Vanmorgen heb ik het Mauritshuis gezien en **3** vanmiddag wilde ik het *Binnenhof* en het Vredespaleis gaan zien en gaan winkelen in het centrum.

FRANS	4 Ik moet nu weer terug naar *m'n* werk, maar vanavond heb ik een uitnodiging voor een feestje bij vrienden. Heb je zin om mee te komen?
• JANET	Dat is aardig van je. Ja, met plezier. Hier is het adres van mijn hotel. En ik heet Janet.
FRANS	Dan haal ik je om acht uur op. Tot dan. Oh, en ik heet Frans. En een plezierige middag toegewenst.
• JANET	Tot vanavond Frans.

Toelichting

1 Het woord *graag* heeft vaak geen bijzondere betekenis, het is te vergelijken met het Engelse "please".

2 Nederland houdt vast aan haar kleurvolle tradities en klederdrachten in haar kleine dorpen en tenminste een paar van haar windmolens (bij voorbeeld in het gebied rond Kinderdijk, waar er nog ongeveer zeventien in gebruik blijven.)

3 Het *Binnenhof* is de naam van de gebouwengroep in het centrum van Den Haag waar de Nederlandse regering zetelt.

4 Het woord *mijn* wordt vaak tot *m'n* verkort, het woord *zijn* tot *z'n*.

Notes

1 The word *graag* often does not have any special meaning, it can be compared with the English "please".

2 Holland hangs on to its colourful traditions and dress in its small villages and at least some of its windmills (for example, in the Kinderdijk area, where about 17 windmills remain in operation).

3 The *Binnenhof* ("Inner courtyard") is the name given to the group of buildings in the centre of The Hague where the Dutch government resides.

4 The word *mijn* (my) is often shortened to *m'n* , the word *zijn* to *z'n*.

Bij vrienden te gast[1]

HANS	Marianne, ik wilde je aan een kollega van me voorstellen en aan zijn vrouw. Dit is Willem, en zijn vrouw Anna. Mijn vrouw Marianne.
• WILLEM	Aangenaam kennis te maken.
MARIANNE	Hallo. U werkt dus nauw samen met mijn man?
• WILLEM	Ja, sedert korte tijd. Voorheen werkte ik in het Engelse kantoor van de firma, in Londen.
MARIANNE	O ja? En u mevrouw, werkt u ook?
• ANNA	Noem me toch Anna. En we kunnen elkaar best tutoyeren. Nee, ik werk op het ogenblik nog niet, ik moet eerst nog ons huis inrichten en wat beter Nederlands leren spreken.
HANS	Anna is namelijk Engelse en Willem is Amerikaan.
MARIANNE	Echt waar? Dat had ik nooit gedacht. Jullie spreken allebei zo goed Nederlands zonder aksent. En jullie voornamen zijn ook zo typisch Nederlands.
• WILLEM	Ik heet eigenlijk William en in Amerika noemen ze me Bill, maar in Nederland heb ik besloten dit in Willem of Wim te veranderen. We zijn namelijk van plan in Nederland te blijven wonen en willen ons helemaal aanpassen.
MARIANNE	En waar hebben jullie zo goed Nederlands leren spreken?
• ANNA	Willem was enige jaren terug nog officier in de Amerikaanse strijdkrachten en was hier gestationeerd.

WILLEM	En Anna werkte de laatste paar jaren in de Nederlandse ambassade in Londen — daar ontmoetten wij elkaar. Verder hebben we allebei avondkursussen gedaan en een spoedkursus hier in Nederland.
• ANNA	Als ik eenmaal vloeiend Nederlands spreek, kan ik meteen een baan krijgen als lerares aan een internationale school in Heemstede. Daar heb je geen Nederlands diploma voor nodig. Ik heb namelijk voor onderwijzeres gestudeerd in Engeland.
HANS	We vergeten helemaal onze rol als gastheer en gastvrouw. Wat kan ik jullie te drinken aanbieden?
• ANNA	Ik ben dol op jullie Nederlandse jenever. Een glaasje jonge graag.
WILLEM	Een whisky met ijs graag.
MARIANNE	Voor mij een sherry Hans.
• ANNA	Werk jij, Marianne?
MARIANNE	Nee, we hebben twee kinderen. Ze logeren op het ogenblik bij hun oma, daar gaan ze tijdens de vakantie altijd naartoe.
HANS	Zoals ik Willem al eens vertelde, ben ik op een boerderij in *Friesland* geboren en mijn ouders wonen daar nog steeds. De kinderen vinden het er heerlijk. Voor kinderen is Amsterdam niet de beste plaats om op te groeien.
• WILLEM	Dat kan ik me wel voorstellen. Maar wij vinden het hier heerlijk. Zo'n gezellige atmosfeer. En altijd goede uitgaansmogelijkheden. En dan de vele museums; we hebben weekenden te kort om het allemaal te zien.

In the HANS row, the number **2** appears in the left margin beside "een boerderij".

| ANNA | We gaan ook vaak uit eten, vooral ook omdat ons huis nog niet is ingericht. Het lekkerst vinden we het in de Indische restaurants. En zo goedkoop. Vorige week hadden we een gedeelde komplete rijsttafel met voorgerecht, drankjes en naspijzen voor tachtig gulden. En het was heerlijk en zo anders dan we dachten. We dachten dat het net zoiets als Chinees was. |

Ik denk dat we wel veel uit zullen gaan, Nederland is ook zo klein, het is geen probleem om 's avonds in Rotterdam uit te gaan.

| MARIANNE | Profiteer er maar van, voordat jullie kinderen hebben. |

Toelichting

1 De Nederlanders zijn huiselijk en als ze je eenmaal als een vriend aanvaard hebben, vinden ze het heerlijk je daar te ontvangen. De Belgen zullen je veel waarschijnlijker uitnodigen zich in een restaurant bij hen aan te sluiten.

2 Friesland is een provincie in het Noordoosten van Nederland, waar ten dele nog een andere taal, totaal verschillend van het Nederlands wordt gesproken, het Fries. Maar iedereen spreekt ook Nederlands.

Notes

1 The Dutch enjoy their homes and once they have decided you are a friend, will love to entertain you there, The Belgians are far more likely to invite you to join them in a restaurant.

2 Friesland is a province in the northeast of the Netherlands where in parts another language is still spoken — the Frisian language, totally different from Dutch. But everyone speaks Dutch as well.

At the hotel reception

RECEPTIONIST	Good evening sir, what can I do for you?
MR JANSEN	Good evening madam. My name is Jansen. Do you still have a room available?
RECEPTIONIST	For one night, sir?
MR JANSEN	No, for two nights.
RECEPTIONIST	A single room, sir? With or without shower?
MR JANSEN	No, a room for me and my wife. What are the prices with and without shower? And with bath?
RECEPTIONIST	A double room with shower is eighty guilders, without shower seventy. We unfortunately have no rooms with bath left any more.
MR JANSEN	Eighty guilders, is that per person?
RECEPTIONIST	No, sir, that is for two persons.
MR JANSEN	Is breakfast included in that?
RECEPTIONIST	Yes, that is correct, breakfast included. You can have breakfast between eight and ten o'clock in the restaurant.
MR JANSEN	Can we also breakfast in our room?
RECEPTIONIST	Of course sir, just telephone the restaurant. We do have to charge you five guilders extra.
MR JANSEN	Good, I'll have a double room with shower then. Is there heating in the room?
RECEPTIONIST	Yes, there is central heating in all rooms and the corridor. That will be room twelve on the first floor. Here is your key. Shall I call someone to help you with your luggage?

MR JANSEN	Yes, please, we have a number of heavy suitcases. Is there a telephone in the room?
RECEPTIONIST	Yes sir, all rooms have telephone and television. Do you wish to dine tonight? We can offer you full board if required.
MR JANSEN	No, thank you, we are visiting friends tonight. Do you perhaps know what the weather forecast for tomorrow is?
RECEPTIONIST	Sunny periods and dry weather. The afternoon temperatures will be approximately 21 degrees. Could you fill in this registration form?
MR JANSEN	Yes, of course, thank you very much.

Travelling in Holland

The petrol station

ATTENDANT	Four star or two star, madam?
CUSTOMER	Twenty litres of two star petrol please.
ATTENDANT	Shall I clean your windows?
CUSTOMER	Yes please, thank you.
ATTENDANT	Do you perhaps require any oil?
CUSTOMER	No thank you, the car has just left the garage and the oil has been filled up. But could you quickly check my tyre pressure? The left front tyre is a bit soft, I believe.
ATTENDANT	That will be thirty-eight guilders please.

CUSTOMER	Here is my Eurocard. Could you tell me the way to Rotterdam?
ATTENDANT	Thank you. Could you sign here please? The best way to drive is via the motorway, here the first street to the left and then the second street on your right. From there on you will see it indicated.
CUSTOMER	Do you perhaps have a map of the Netherlands?
ATTENDANT	Yes, of course. Here you are. Shall I add that to the bill?
CUSTOMER	Please. Thank you very much for your help.
ATTENDANT	Good bye madam, thank you.

At the VVV-office

RECEPTIONIST	You wished for some information about the city and its surroundings, sir, madam?
GENTLEMAN	Yes, we are on holiday here for few days and wanted to make a few trips. Could you recommend us a tour through the city?
RECEPTIONIST	A special coach leaves the town hall at eleven o'clock, sir.
GENTLEMAN	How long is the tour? And what else can we go and do today?
RECEPTIONIST	The tour lasts for about an hour and a half. There is also a flea-market today in the market square.
GENTLEMAN	Can you tell us how to get there?
RECEPTIONIST	From the town hall where the tour ends, you walk along the Herengracht and then left into the Prinsensingel. Here is a plan of the town centre.

GENTLEMAN	Thank you. Can we also make a boat trip?
RECEPTIONIST	Yes, there is also a round trip through the canals; in that way you will get a good impression of the city too.
GENTLEMAN	How long does the round trip last? And do you perhaps know the price?
RECEPTIONIST	The round trip lasts for about two hours. The departure is at 11 o'clock and 3 o'clock and the price is seven guilders fifty cents for adults.
GENTLEMAN	And for children?
RECEPTIONIST	Four guilders fifty cents, sir.
GENTLEMAN	We also like horse riding. Is there a riding-school?
RECEPTIONIST	Yes, the Hoefstra riding-school, located on the road to the beach. From there, a beach ride departs every morning at ten o'clock. The price is forty guilders per person.
GENTLEMAN	What's on at the theatre tonight?
RECEPTIONIST	A comedy. Here is the programme and the starting times. Tomorrow there is an annual market with traders who offer their wares from scores of stalls. There is also an old craftmarket.
GENTLEMAN	Oh, how nice. And where is that?
RECEPTIONIST	Also in the market square. And this evening there is a cycle race through the city. It starts at 8 o'clock at the town hall.
GENTLEMAN	I see that there is also a sea-aquarium. Could we go there in the afternoon?
RECEPTIONIST	Yes, it is open until 5 o'clock and entry is free. You will find it on your map.

GENTLEMAN	We certainly don't have to get bored. Thank you for your help.

At the station

At the ticket-office

EMPLOYEE	Good evening, madam.
CUSTOMER	Good evening. A single to Groningen, please.
EMPLOYEE	First or second class, madam?
CUSTOMER	Second class. Is there a train tonight?
EMPLOYEE	Yes madam, the train has been delayed by five minutes and will depart in twenty-five minutes.
CUSTOMER	From which platform?
EMPLOYEE	From platform 3.
CUSTOMER	Oh, then I have some time left. What time is it now?
EMPLOYEE	It is seven o'clock, madam.
CUSTOMER	Is there a refreshment room?
EMPLOYEE	There is a waiting room on platform 2 where you can purchase coffee and refreshments. Here is your ticket.
CUSTOMER	How much do I owe you, sir?
EMPLOYEE	Twenty-seven guilders, please.
CUSTOMER	There you are. Three ten guilder notes. Is it a through train?
EMPLOYEE	There you are, madam, three guilders change. You will have to change in Utrecht.

Information office

EMPLOYEE	Good morning, sir. How can I help you?
CUSTOMER	Good morning. I would like to make a reservation for the train to Milan please.
EMPLOYEE	When would you like to leave, sir?
CUSTOMER	I have to be in Milan for business next Wednesday evening. Is there a train leaving Amsterdam on Tuesday evening?
EMPLOYEE	There are three trains per week, on Monday, Wednesday and Friday. They are express trains with sleeping cars that hardly stop at all. You leave Amsterdam at five in the afternoon and arrive in Milan at two-thirty the next day.
CUSTOMER	The best thing to do then is for me to make a reservation for Monday evening. With a second class sleeping compartment. I presume that there is a buffet-car where I can have dinner?
EMPLOYEE	But of course, sir. Have you already purchased your ticket?
CUSTOMER	Not yet. Which ticket-office should I go to?
EMPLOYEE	Ticket-office number 5. At the same time you can make your reservation there for Monday.
CUSTOMER	Thank you very much. Do you perhaps also know where the bus to Haarlem stops?

EMPLOYEE	The bus to Haarlem? You would be better off taking the train. That is much faster.
CUSTOMER	Yes, that is correct, but I have to get off on my way to collect something from a family member and then the bus is more convenient.
EMPLOYEE	The bus stops at the front entrance to the station, bus number 34. The next bus leaves in — let's see — in twenty minutes.
CUSTOMER	Thank you. Are there any luggage lockers here at all?
EMPLOYEE	The luggage lockers are on the first floor. Take that elevator on the right there. On the first floor you immediately turn right again.
CUSTOMER	Could I also have a time-table for the municipal buses in Amsterdam?
EMPLOYEE	But of course, here you are.
CUSTOMER	Thank you very much. Goodbye.
EMPLOYEE	Have a good journey, sir.

Shopping

At the bakers'

BAKER	Who's next please?
CUSTOMER	I would like a sliced wholewheat loaf and five currant-buns.
BAKER	There you are, madam. Anything else?

CUSTOMER	Yes, also two freshly baked French loaves from your special offer at one guilder fifty, and a bag of six wheat buns.
BAKER	Here you are. The French loaves have just come from the oven and are deliciously fresh and crispy.

At the cheesemongers'

CHEESEMONGER	Yes madam, can I have your order?
CUSTOMER	Could I have 200 grams of Gouda cheese from you, thinly sliced please?
CHEESEMONGER	New, mature or ripe, madam?
CUSTOMER	The ripe cheese is a bit too expensive, please give me the mature.
CHEESMONGER	That'll be four guilders sixty. Anything else I can serve you with madam?
CUSTOMER	Yes, do you have any young, half-fat cumin-seed cheese?
CHEESEMONGER	Yes, this is a rather new Leiden cheese which is very tasty. Would you like to taste a piece?
CUSTOMER	Yes, that is delicious. Will you please cut me a piece weighing about 400 grams?

At the grocers'

GROCER	Good morning, Mrs. de Bruin, what will it be today?
MRS. DE BRUIN	Good morning, I would like two litres of milk, a litre of buttermilk, a pack of yogurt and two vanilla custard please.

GROCER	At your service, madam. Anything else?
MRS. DE BRUIN	100 grams of saveloy and 200 grams of Plock sausage. How much is that?
GROCER	That is four guilders ninety-five cents for the sausage.
MRS. DE BRUIN	Good, then also a whole chicken from the freezer.
GROCER	Six guilders and fifty cents, madam. Would you like any eel-sausage? We have a special offer, 200 grams for one guilder ninety-eight cents.
MRS. DE BRUIN	No, thank you, not at the moment. But give me 500 grams of "rundervinken".
GROCER	The "rundervinken" are eight guilders and thirty cents madam.
MRS. DE BRUIN	And a kilo of endives and a head of lettuce. That will be all then.

In a restaurant

WAITER	Good evening, ladies, gentlemen.
KEES	Good evening. Do you have a table for four available?
WAITER	Not at the moment, but if you could wait for a few minutes, then certainly.
KEES	In that case we will get an apéritif from the bar. What would you like to drink? Ellen?
ELLEN	A glass of dry sherry, please, Kees.
BARBARA	A glass of white wine, please.

JAN	A beer for me.
KEES	And two beers.

......

WAITER	Your table is now ready. Will you follow me, please?
KEES	Thank you. Do you have a menu?
WAITER	There you are, here is the menu.
JAN	Which fish-dishes do you have available?
WAITER	Today we have oysters, trout, lobster, mackerel and sea-bass.
JAN	I would like the smoked mackerel, please. And mussels to start with.
BARBARA	Which meat dishes do you have today? The menu is so extensive.....
WAITER	We have fillet steak, pork chops, rolled veal and breaded veal cutlets, Dutch beef steak, shoulder chops and a delicious goulash, to mention just a few.
BARBARA	Please bring me the rolled veal and, to start with, some salmon.
ELLEN	I would like mussels to begin with, and then the Dutch beef steak. Are the mussels fresh?
WAITER	Fresh from the fishmarket in Scheveningen this morning, madam.
KEES	A green salad for me please, and as a main course the goulash. Could you also bring us some mixed vegetables and baked potatoes or french fries?
WAITER	I can offer you cauliflower, endives, carrots, leeks and spinach. And boiled potatoes, french fries or fried potatoes. Do you wish me to request the chef to make you a mixed vegetable dish you can share?

KEES	That's fine. But I see here that your speciality today is pheasant. That sounds delicious to me; can I change my order to pheasant?
WAITER	But of course sir. And what would you like to drink ladies, gentlemen?
JAN	Do you have a wine list?
WAITER	There you are sir. And how would you like your meat done? Madam?
ELLEN	Medium rare for me, waiter.
WAITER	And you, madam?
BARBARA	Well done, please. Thank you.
JAN	To start with we will take a bottle of this German white wine. Is it a rather dry wine?
WAITER	Yes sir, excellently suiting the fish courses.
JAN	And will you also please open a bottle of this 1978 French red wine to be served with our main course. Or did anyone want something else?
	......
WAITER	Can I clear the table ladies, gentlemen? Have you enjoyed your meal?
ELLEN	It was delicious.
KEES	We would like to order our desserts now, please. What can you recommend to us?
WAITER	We have a lovely Mocha coffee ice cream with whipped cream and fresh fruits, or perhaps a freshly prepared fruit salad?
BARBARA	That sounds lovely, that fruit salad. You can bring me one of those.

JAN	I would like the ice cream dish.
ELLEN	The same for me.
KEES	And me. And coffees all round afterwards. Coffee and cognac.
	. . . .
WAITER	Here you are. Everything in order?
KEES	Excellent, waiter, we have enjoyed our meal. I would like to pay, please bring me the bill.
WAITER	Would you like another cup of coffee?
JAN	Yes please, thank you.

In the post office

EMPLOYEE	A stamp for that letter, sir?
CUSTOMER	Yes, I would like to send this letter to Belgium.
EMPLOYEE	Will you please put it on the scales, sir. *(She consults the scales)* One guilder twenty cents, sir.
CUSTOMER	Is that by air mail?
EMPLOYEE	Yes sir. The same tariff applies to all destinations in Europe; there is no air mail surcharge and the letters are delivered by the fastest means available. There are different tariffs for surface mail and air mail parcels.
CUSTOMER	Could you also tell me what the letter rate is to West Germany?

EMPLOYEE	Eighty cents sir, for letters up to 20 grams. The same tariff applies to all the countries in the European Community, except for England and Ireland.
CUSTOMER	That is the same tariff as within the Netherlands?
EMPLOYEE	That is correct. sir.
CUSTOMER	Good, then please also give me 10 eighty cents stamps. And I would like to send this parcel to the United States.
EMPLOYEE	By air mail, sir?
CUSTOMER	Yes, by air mail and registered. How much is that?
EMPLOYEE	That is twenty-two guilders ninety cents for this parcel.
CUSTOMER	Could you also tell me how long an air-mail letter to the U.S.A. will take?
EMPLOYEE	About four days sir, sometimes six days if the destination within the United States is distant.
CUSTOMER	Thank you. Could I also send a telegram from here?
EMPLOYEE	Please go to counter 17 around the corner, sir.
	. . . .
EMPLOYEE	What can I do for you, sir?
CUSTOMER	I would like to send a telegram to South Africa.
EMPLOYEE	Could you fill in this form clearly with the full address and the complete text?
CUSTOMER	Can I also make an international telephone call from here?

EMPLOYEE	If you go to call-box number four, I will give you an exchange line.
CUSTOMER	Could you first give me the international dialling code number for England?
EMPLOYEE	The access number for England is 09 44. After that you dial the STD code of the town you are calling without the zero and then the subscriber's number.
CUSTOMER	Thank you.

The exchange office

EMPLOYEE	Good morning, madam.
CUSTOMER	Good morning, can I change one hundred English pounds (sterling) for Dutch guilders here?
EMPLOYEE	Yes madam, of course, how would you like it?
CUSTOMER	In 25 guilder notes please. What is today's rate?
EMPLOYEE	The exchange rate today is four guilders twenty-nine cents. Here you are, seventeen 25 guilder notes. Our commission is four guilders.
CUSTOMER	Thank you. Are you also open on Saturdays?
EMPLOYEE	Yes madam, until five o'clock.
CUSTOMER	Good. Are you also able to exchange travellers cheques?

EMPLOYEE	Which travellers cheques, madam? Oh, I have already seen what you have, Eurocheques. Yes, no problem there. With those you even obtain a slightly better exchange rate; today it would be four guilders forty cents.
CUSTOMER	Thank you, but I do not need them yet. Possibly Saturday, which is why I asked you if you are open then. I see it is very quiet at the moment. Would you be so kind as to explain the Dutch currency system to me, I am especially unfamiliar with the coins.
EMPLOYEE	The money system is very easy. Remember that a guilder has one hundred cents, and you can't go wrong A "kwartje" is 25 cents, a "dubbeltje" ten cents, a "stuiver" is five cents.

In the shoeshop

SALES LADY	Can I assist you, sir?
CUSTOMER	Yes, I am looking for a pair of comfortable shoes, not too expensive, for walking in.
SALES LADY	What kind of shoes, sir? Laced or without laces?
CUSTOMER	With laces seems best to me, they fit more comfortably.
SALES LADY	What is your size?
CUSTOMER	That depends on the make of the shoes. Usually forty-three.

SALES LADY	Here is a good walking shoe, made completely in leather and in a fashionable light colour. The very latest model.
CUSTOMER	Well, they don't seem so suitable for walking in. Do you have a darker version?
SALES LADY	Here you have a dark brown version.
CUSTOMER	That's better, but they are a bit tight.
SALES LADY	That is because it is leather, they will adjust to the shape of your feet with use.
CUSTOMER	Hmmm ....perhaps it is still better to select something with rubber soles. When it is slippery in winter, you so easily slip in leather soles.
SALES LADY	Then I have a pair of dark brown shoes here you will like. And they are not expensive either, because they are in the sale, priced down to forty-five guilders.
CUSTOMER	That is exactly what I was looking for..... Oh, yes, they are delightful to walk in. Yes, I'll take them. I will keep them on right away. And where can I have my old shoes repaired?
SALES LADY	There is a heelbar on the second floor, sir. You can wait for them there, if it is not too busy.

The car rental company

RECEPTIONIST	Good morning, madam.
CUSTOMER	Good morning, sir, I would like to rent a car.

RECEPTIONIST	That is possible, madam. For how long?
CUSTOMER	Probably for a week. A small, economical car.
RECEPTIONIST	We have a Ford Fiesta for you, or a Ford Orion.
CUSTOMER	How much is an Orion for a week?
RECEPTIONIST	Three hundred and ten guilders, madam. That does not include the insurance.
CUSTOMER	And how much do I pay per driven kilometer?
RECEPTIONIST	That is included in the rental fee, up to one thousand kilometers. Do you expect to drive more than a thousand kilometers?
CUSTOMER	No, I don't think so. Can I drive the car to Germany as well?
RECEPTIONIST	Yes, but in that case you require additional insurance for the period you spend in Germany.
CUSTOMER	In that case I will take the Orion with the additional insurance for tomorrow and the day after tomorrow. Do you have a car available immediately?
RECEPTIONIST	Yes, of course madam. Here are the keys. The car is in parking bay 15. Could you just fill in this form? And can I see your driving licence?
CUSTOMER	Here you are. Can I pay by credit card?
RECEPTIONIST	Yes madam. Thank you. Excuse me for a moment, I have to make a call. Have a good journey, and goodbye madam.

At the bicycle shop

SHOPKEEPER	Good morning, ladies. What can I do for you?
MRS BAKKER	Good morning. I would like to rent a lady's bicycle for my daughter.
SHOPKEEPER	No problem. Everyone cycles in Holland. For how long, did you think?
MRS BAKKER	For about a week. She is visiting friends here.
SHOPKEEPER	Here is a good bicycle with three gears. Or did you want it to be a sports model?
MRS BAKKER	No, a normal bicycle. That one looks fine. Do you also have a bicycle bag, in order for her to take along some luggage or protective clothing against the rain?
SHOPKEEPER	Yes, I'll attach one in a minute.
MRS BAKKER	Are tyre repair materials also included, just in case she has a puncture?
SHOPKEEPER	They are in this small bag underneath the saddle. And on the bar here you have the cycle-pump. It is, however, better to take it inside with you if you leave the bike unattended somewhere outside.
MRS BAKKER	Is the bicycle insured against theft?
SHOPKEEPER	Yes, a complete insurance is included in the price, including third-party accidents.
MRS BAKKER	Are there good bicycle paths in The Hague?
SHOPKEEPER	Most of the children go to school on their bikes and therefore you will find separate cycle-paths nearly everywhere, so cycling is very safe. Here is a map of the city and its surroundings, where you will find all the cycle-paths indicated.

In a travel agency

EMPLOYEE	Good afternoon sir, madam.
MR DE VRIES	Good afternoon. We would like to reserve two seats on the aircraft to Manchester, a single and a return flight.
EMPLOYEE	When did you want to leave, sir?
MR DE VRIES	Tomorrow morning, if possible. Is there a flight then?
EMPLOYEE	There are even two flights, one leaves from Amsterdam Airport, the other from Rotterdam.
MRS DE VRIES	Rotterdam is within easier reach for us. Is there a price difference?
EMPLOYEE	No, madam, the prices are identical.
MRS DE VRIES	And what are the departure times?
EMPLOYEE	The aircraft from Rotterdam leaves at ten o'clock in the morning and arrives at a quarter to eleven. The plane from Amsterdam leaves at eleven o'clock and arrives at eleven as well, in view of the time difference between the Netherlands and England.
MRS DE VRIES	So the plane from Rotterdam takes 45 minutes longer?
EMPLOYEE	Yes, madam, it is smaller aircraft which has a lower flying speed.
MRS DE VRIES	In that case we would rather take the plane leaving from Amsterdam. Can we purchase goods duty-free on board?
EMPLOYEE	You can, but it is a rather limited choice on these short flights. You are better off buying at Amsterdam Airport which has the best tax-free shops in Europe. Could I have your names for the tickets?

MR DE VRIES	De Vries.
EMPLOYEE	And your initials?
MR DE VRIES	A.W. for my wife and G.R. for me.
EMPLOYEE	And the return is for you or for madam?
MR DE VRIES	That is for madam. I will be staying in England, you see.
EMPLOYEE	And when did you want to fly back, madam?
MRS DE VRIES	I don't know yet, in about a week or two I think.
EMPLOYEE	In that case I will leave that open. Just call the KLM reservations office in Manchester once you have decided when you want to return, to make your reservation. But do reserve as long as possible in advance.
MR DE VRIES	Excellent. How many suitcases can we take along?
EMPLOYEE	You are allowed 20 kilos per person and hand luggage. Of course you can take additional luggage at an additional charge.
MRS DE VRIES	So the flight is at eleven o'clock. At what time should we check in?
EMPLOYEE	At a quarter past ten.
MR DE VRIES	Is there a bus from The Hague to Amsterdam Airport?
EMPLOYEE	There is a bus connection, but you are much better off taking the train. There is a train every hour from the Hollands Spoor station, that stops at the airport.
MR DE VRIES	That is most convenient. And how much do I owe you?

EMPLOYEE	For both tickets together that will be six hundred and twenty guilders please.
MR DE VRIES	Can I pay by means of girocheques?
EMPLOYEE	Of course sir, if you have a current giro card.
MR DE VRIES	Yes, I have one. Could I borrow your ballpoint pen for a moment?
EMPLOYEE	There you are. Thank you. Here are your tickets. Goodbye and have a good flight.

A meeting in the pub

FRANS	Excuse me, do you perhaps have a light for me?
JANET	But of course, here is a lighter.
FRANS	Thanks. On holiday in the Netherlands?
JANET	Yes, I'm from Edinburgh and I am travelling through Holland for two weeks.
FRANS	Well, you are lucky with the weather, we have had very little rain lately.
JANET	I only arrived the day before yesterday, but I hope it stays as it is. Tell me, what exactly is the difference between the Netherlands and Holland?
FRANS	Oh, those two names are hardly separated these days, but the difference is the same as between England and Great Britain; Holland is really the name of the two westernmost provinces whereas the Netherlands is the name for the whole country.

JANET	How many provinces are there?
FRANS	Eleven. And then there is also the Ijsselmeerpolder, which does not belong to any of the provinces.
JANET	That's unusual. Why is that so?
FRANS	That's because this is territory recently gained from the sea. It was reclaimed just before and after the second world war. May I offer you another drink?
JANET	That is very kind of you. Another glass of beer please.
FRANS	*(to the barman)* Could I have two more beers?
JANET	One always hears that the largest part of the Netherlands lies below sea level. Why does the sea not inundate the land?
FRANS	About 40% of the Netherlands lies below sea level. In the past those parts were large lakes and coastal strips that were inundated by the sea during high tide. In the past and this century, sea dykes were constructed to protect the coastal strips during high tide. And circular dykes were constructed around the lakes and marshes, after which the water was pumped out of them by means of windmills, first into a canal in the circular dyke, the "ringvaart" and then via other canals to the rivers and so to the sea.
JANET	And the windmills are still in use?
FRANS	A number of windmills are left, but their work has now been taken over by electrical pumping stations.
JANET	I wanted to go to the bulbfields. Do you perhaps know where the best place is for me to go?

FRANS	To the south of Haarlem, around Lisse and Hillegom. The soil is very sandy there and well suited for bulb cultivation. But this is the wrong time of the year, nearly everything has now finished flowering. April and May are the best months. Where else have you been so far?
JANET	The cheese market in Alkmaar, and Amsterdam, where I made a long canal trip through the canals. And in Rotterdam I took a boat trip through the outer harbour. Very impressive.
FRANS	Rotterdam is the largest port in the world — at least we, the Dutch, tend to think so. And here, in The Hague?
JANET	This morning I visited the Mauritshuis and this afternoon I want to go and see the Houses of Parliament and the Peace Palace and then go shopping in the city centre.
FRANS	I have to go back to my work now, but this evening I have been invited to a party at some friends'. Would you like to join me?
JANET	That is very kind of you. Yes, with pleasure. Here is the address of my hotel. And my name is Janet.
FRANS	I will pick you up at eight o'clock then. Oh, and my name is Frans. Have a pleasant afternoon.
JANET	See you tonight, Frans.

Visiting friends

HANS Marianne, I would like to introduce you to a colleague of mine and his wife. This is Willem and his wife, Anna. My wife Marianne.

WILLEM Pleased to meet you.

MARIANNE Hello. So you work closely together with my husband?

WILLEM Yes, for a short while. Before that I used to work in the company's English office, in London.

MARIANNE Oh, really? And you madam, do you work too?

ANNA Please call me Anna. And we can be on familiar terms with each other. No, I am not working at the moment, I first have to furnish our house and learn to speak Dutch better.

HANS You see, Anna is British and Willem is an American.

MARIANNE Really? I'd never have guessed. You both speak Dutch so well, without any trace of an accent. And your names are also so very Dutch.

WILLEM My real name is William and in America they call me Bill, but in the Netherlands I have decided to change it to Willem or Wim. You see, we are planning to settle in Holland and want to adjust as much as possible.

MARIANNE And where have you learned to speak Dutch so well?

ANNA Willem was an officer in the American forces a few years ago and was based here.

WILLEM	And Anna has worked in the Dutch embassy in London for the past few years — which is where we met each other. We have also both followed evening classes and a crash course here in the Netherlands.
ANNA	Once I can finally speak Dutch fluently, I can immediately get a job as a teacher in an international school in Heemstede. You don't need any Dutch diplomas for that. You see, I have studied to become a teacher in Britain.
HANS	We are totally forgetting our roles as host and hostess. What can I offer you to drink?
ANNA	I am fond of your Dutch jenever, a glass of young jenever please.
WILLEM	A whisky on the rocks, please.
MARIANNE	I'll have a sherry, Hans.
ANNA	Do you work, Marianne?
MARIANNE	No, we have two children. They are staying at their granny's at the moment, they always go there during their holidays.
HANS	As I told Willem on a previous occasion, I was born on a farm in Friesland and my parents still live there. The children love it there. Amsterdam is not the best of places for children to grow up in.
WILLEM	I can imagine that, but we love it here. There is such a nice atmosphere and always plenty to do. And then the many museums; we lack weekends to go and see all of it.

ANNA   We also often go out for dinner, especially
         because our house is not yet furnished. We
         like the Indonesian restaurants best of all.
         And so cheap.
         Last week we shared a complete rice table,
         including the starter, drinks and sweets
         for eighty guilders. And it was delicious
         and so different from what we expected.
         We thought it would be something just
         like Chinese food.
         I think that we will be going out often.
         Holland is so small too, it is no problem
         at all to go out to Rotterdam at night.

MARIANNE You'd better enjoy it before you have
         children!

hugo

If you cannot get our books and audio courses from your local bookseller, write to us at 104 Judd Street, London WC1H 9NF. We will send details of titles currently in print, prices and other information.

THREE MONTHS BOOKS are available in French, German, Spanish, Italian, Greek, Portuguese, Dutch, Norwegian, Danish, Swedish, Russian and Latin. Using the world-famous Hugo method of self-tuition and imitated pronunciation, these books are as suitable for beginners as they are for those with a basic knowledge of the language (the latter will find them excellent for revision purposes).

AUDIO COURSES in French, German, Spanish, Italian, Dutch, Greek, Portuguese and Swedish, based on the appropriate 'Three Months' book. These Courses represent one of the most up-to-date concepts in modern language-learning techniques. Designed to take beginners through to a good working knowledge of both the spoken and the written language, they will also benefit the more proficient student who needs to revise. A fully descriptive leaflet is available, giving details of cassettes and records. Also produced (at present in French, German, Spanish and Italian only) are more advanced colloquial Conversation Cassette/book packs in the "Speak — Today!" series.

VERB BOOKS in French, German, Italian and Spanish; these are essential reference books for 'Three Months' students. Among other aids to learning the most important part of any language are lists of irregular verbs and model conjugations of auxiliaries and regular verbs.

POCKET DICTIONARIES contain a minimum of 22,000 words each, with every headword given its imitated pronunciation. These handy books (in French, German, Spanish, Italian, Russian and Dutch) are invaluable for both tourists and businessmen. There is also a pocket English Dictionary (25,000 entries approx.) without pronunciation.

PHRASE BOOKS for France, Germany, Spain, Italy, Portugal, Holland, Greece and Scandinavia (Norway, Denmark and Sweden in one). An ample selection of words and phrases with imitated pronunciation is coupled with information on each subject heading ('Hotels', 'Motoring' etc.). In addition, there is a brief background to the country, its habits and customs.